Ce carnet appartient à: